Dieses
Buch gehört:

____

Hier ist deine Prinzessinnen Lesehilfe.
Die dünnste Lesehilfe im Königreich.

Prinzessin Lena von

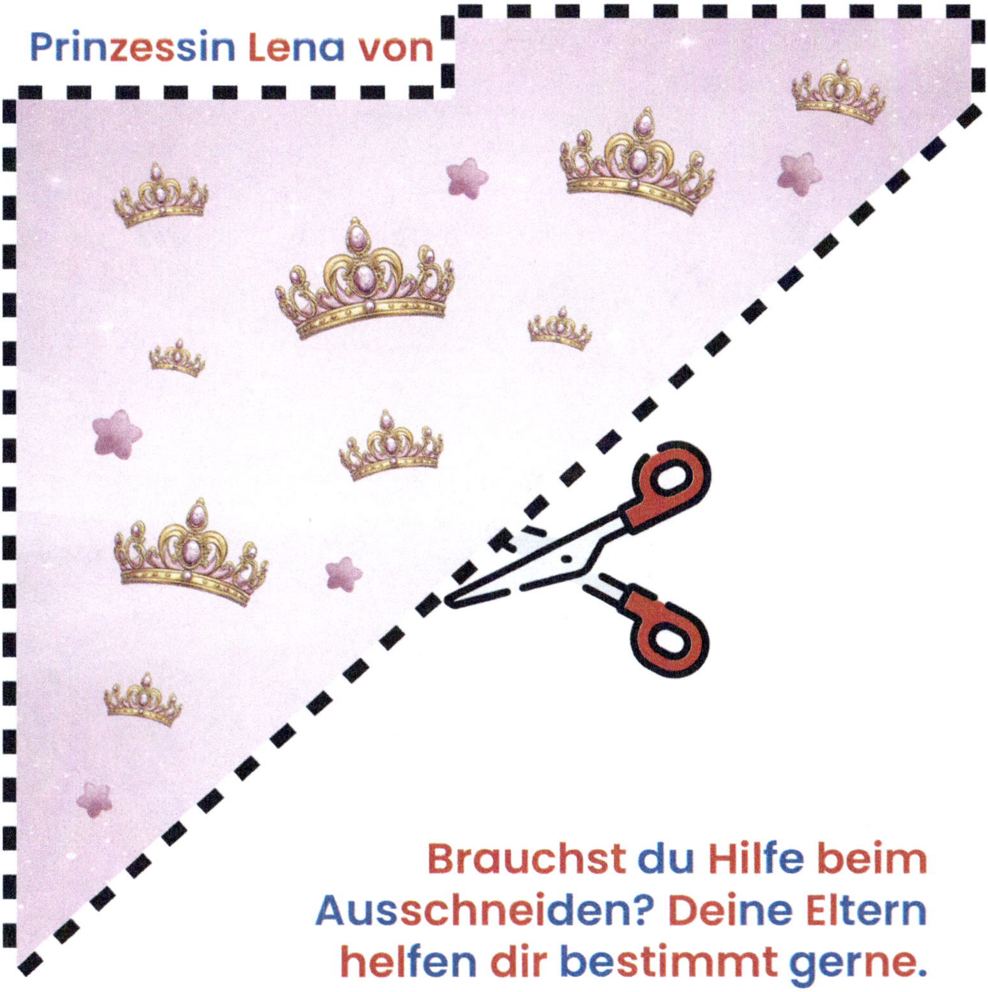

Brauchst du Hilfe beim Ausschneiden? Deine Eltern helfen dir bestimmt gerne.

Wenn dir dieses Buch gefällt, freuen wir uns über eine Bewertung. Scanne dazu den QR-Code!

Hast du Fragen oder Probleme? Dann schreibe uns eine E-Mail an:

info@elvimedia.com

Inhalt

1. Die Wette

Prinzessin Lena von Glimmerberg lebt in einem riesigen Schloss. Sie hat viele schöne Kleider und eine goldene Krone. Doch sie ist nicht glücklich. Lena darf nicht rennen. Sie darf nicht laut sein.

„Sei höflich und schön“, sagen ihre Eltern immer. Lenas bester Freund heißt Fred. Er darf alles. Er klettert auf Bäume und springt durch den Garten. Lena beneidet ihn sehr.

Warum ist Lena von Glimmerberg nicht glücklich?

- ○ Sie wünscht sich ein Haustier.
- ○ Ihre Familie ist arm.
- ○ Sie würde auch gerne klettern, rennen und laut sein.

Eines Tages entdeckt sie ein Plakat. Im Schlosspark gibt es einen Hindernislauf! Fred macht mit. Lena will auch! Doch ihr Papa schüttelt den Kopf. „Nein, Lena. Das darfst du nicht.“ „Warum nicht? “, fragt sie.

„Da muss man rennen, springen und klettern“, sagt der König. „Das ist nichts für eine Prinzessin.“ Lena ballt die Fäuste. „Doch, ich kann das!“ Der König lächelt. „Dann versuch es.“ Er glaubt nicht, dass Lena es schafft.

Im Text haben sich ein paar längere Wörter eingeschlichen. Unterstreiche alle Wörter, die mehr als zwei Silben haben.

Am Tag des Rennens steht Lena an der Startlinie. Fred nickt ihr zu. Der Startschuss fällt. Lena rennt los. Sie springt über Hindernisse. Sie klettert. Am Ende nimmt sie ein Seil. Sie schwingt sich über den Graben. Sie ist die Erste!

Der König staunt. Lena grinst. „Lass uns wetten! Ich schaffe neun Prüfungen. Dann darf ich tun, was ich will!“ Der König nickt. „Abgemacht.“ Jetzt beginnt Lenas Abenteuer!

Was bekommt Lena, wenn sie die Wette gewinnt?

- ○ Eine goldene Krone.
- ○ Sie darf tun, was sie will.
- ○ Eine Katze.

Oh nein! Die Farben in diesen Bildern sind verschwunden. Male sie aus.

2. Der mürrische Stallbursche

Heute sitzt Lena im Schlossgarten. Ihr ist langweilig. Sie will ein Abenteuer erleben! Plötzlich hört sie ein leises Rufen. „Hallo! Hier drüben. Ich habe eine Aufgabe für dich!“

Lena schaut sich um. Am großen Brunnen sitzt ein roter Fuchs. Leise schleicht die kleine Prinzessin hinüber. „Der Stallbursche Peter braucht deine Hilfe.“ Mehr sagt der Fuchs nicht. Dann verschwindet er.

Wer schickt Lena in den Stall zum Stallburschen?

- ○ Lenas Freund Fred.
- ○ Der König.
- ○ Ein sprechender Fuchs.

Lena zögert am Anfang. Peter ist oft gemein zu ihr. Doch dann denkt sie an ihre Wette mit dem König. Also geht sie zum Stall. Dort sitzt Peter. Er sieht traurig aus.

„Kann ich helfen?“, fragt Lena. Peter lacht spöttisch. Dann sagt er leise: „Ich bin oft allein hier. Ich wünsche mir einen Freund.“

Im Text findest du Reimwörter auf die folgenden Wörter. Finde sie und notiere sie daneben.

Knall: _____

Nacht: _____

Kette: _____

Lena spürt Mitleid. Sie kennt das Gefühl gut. „Ich kann deine Freundin sein!“, sagt sie. Peter schüttelt den Kopf. „Aber du bist eine Prinzessin!“ „Das ist mir egal!“ ruft Lena. „Ich komme jeden Tag und helfe dir.“

Sie hält ihr Versprechen. Peter ist bald nicht mehr so mürrisch. Sogar der König lobt sie. „Gut gemacht, Lena! Du hast Mitgefühl gezeigt.“

Warum ist Peter traurig?

- ○ Weil er allein ist und keinen Freund hat.
- ○ Weil ihm die Arbeit keinen Spaß macht.
- ○ Weil er auch gerne ein Prinz wäre.

3. Das gestohlene Schmuckstück

Am nächsten Morgen ist im Schloss viel Unruhe. Die Königin ist wütend. Ihr Anhänger ist weg! „Die Küchenmagd war in der Nähe des Schmucks“, sagt ein Diener zum König. Lena hört das Gespräch.

War es wirklich die Magd? Sie ist doch immer nett zu ihr. „Es gibt keine Beweise“, denkt Lena. Also beginnt sie selbst zu suchen.

Wer wird als Dieb verdächtigt?

- ○ Die kleine Prinzessin.
- ○ Ein Diener.
- ○ Die Küchenmagd.

Lena geht durch den Schlossgarten. Etwas blitzt im Gras. Lena hebt eine goldene Perle auf. „Die gehört zum Anhänger!“ Sie dreht sich um.

Plötzlich hört sie etwas im Gebüsch. Lena hält die Luft an. Ist das der Dieb? Schnell versteckt sie sich hinter einem Baum. Vorsichtig schaut sie hervor.

Verbinde die Silben und setze die Wörter zusammen:

AU	LE
SPU	STAHL
PER	REN
DIEB	GEN

Eine Elster sitzt auf einem Busch! In ihrem Schnabel funkelt der Anhänger. Lena kichert. Dann rennt sie ins Schloss. „Die Magd ist unschuldig! Eine Elster hat den Schmuck gestohlen!“

Alle staunen. Die Diener holen den Anhänger zurück. Die Magd atmet auf. Lena strahlt vor Freude. Sie kann mehr als nur schön und höflich sein!

Wer war der Dieb?

- O Die Küchenmagd.
- O Der König selbst.
- O Eine Elster.

Hilf Lena. Finde den Ausgang aus dem Irrgarten.

4. Der dunkle Wald

Lena ist heute allein im Wald. Der König hat es ihr aufgetragen. Sie soll Mut beweisen. Sie soll Pilze sammeln und nach Hause bringen. Aber sie findet keine Pilze. Langsam wird es dunkel.

Lena seufzt. „Ich muss ohne Pilze zurück. Papa wird enttäuscht sein." Plötzlich steht eine alte Hexe vor ihr! Lena erschrickt. Ihr Herz klopft wild.

Was sucht Lena im Wald?

- ○ Blumen
- ○ Pilze
- ○ Wasser

„Ich gebe dir Pilze“, sagt die Hexe. „Aber du musst eine Nacht im Wald bleiben.“ Lena hat Angst. Doch sie will ihrem Papa zeigen, dass sie mutig ist. „Einverstanden“, sagt sie leise. Die Hexe nickt und verschwindet.

Lena setzt sich ins Moos. Sie muss bis zum Morgen durchhalten. Mitten in der Nacht hört sie ein Geräusch. Es klingt wie das Jaulen eines Wolfes.

Finde heraus, wie viele Silben folgende Wörter haben. Klatsche die Silben mit!

Pilze
Einverstanden
Hexe
Geräusch
Durchhalten

Lena hält die Luft an. Im Mondlicht sieht sie einen Schatten. Ist es ein Wolf? Sie atmet auf. Vor ihr steht ein kleines Rehkitz! Lena flüstert: „Hast du dich verlaufen?“ Sie streicht dem Reh über den Kopf. Dann geht sie mit ihm durch den Wald. Bald finden sie seine Mutter. Lena lächelt.

Erschöpft legt sie sich ins Gras und schläft ein. Am Morgen wacht sie auf. Ihr Körbchen ist voller Pilze! Lena lacht vor Freude. Sie läuft zum Schloss. Der König wartet schon. Er ist stolz auf seine Tochter.

Was hat Lena im Wald erschreckt?

- ○ Ein Wolf.
- ○ Fred.
- ○ Ein Rehkitz.

5. Das Wettrennen

Lena hat wenig Zeit. Sie ist mit ihrer Wette beschäftigt. Fred vermisst seine Freundin. Heute treffen sie sich im Hof. „Hast du Lust auf ein Wettrennen?“, fragt Fred. „Ich bin schneller! Wetten?“

Lena lacht. Sie kann sehr schnell rennen. Sie nimmt die Herausforderung an und stellt sich neben Fred. „Auf die Plätze, fertig, los!“ Die beiden Freunde rennen los.

Warum will Fred ein Wettrennen machen?

- ○ Er will beweisen, dass er schneller ist.
- ○ Weil er eine Wette verloren hat.
- ○ Weil ihm langweilig ist.

Lena und Fred rennen über die Wiese. Fred vorne. Doch plötzlich stolpert er über eine Wurzel. Er fällt hin und bleibt liegen. Sein Fuß ist verstaucht. Lena sieht ihn am Boden. Aber das Ziel ist so nah! Sie könnte gewinnen.

Trotzdem bleibt sie stehen und läuft zu ihm. Fred schaut überrascht. „Du hast angehalten?“ Lena hilft ihm hoch. „Natürlich! Ich lasse doch nicht meinen besten Freund zurück.“

Finde alle kleinen „i“ im Text. Wie viele gibt es insgesamt?

Fred humpelt ein paar Schritte. Es geht ihm schon besser. „Danke, Lena." Die kleine Prinzessin lächelt. Dann laufen sie Arm in Arm gemeinsam ins Ziel. „Unentschieden!", ruft Fred und lacht. „Aber du hättest gewinnen können."

Lena zuckt die Schultern. „Unsere Freundschaft ist mir wichtiger." Lena nimmt sich eine Sache vor: Von heute an will sie wieder mehr Zeit mit ihrem Freund verbringen. Keine Wette ist wichtiger als ihre Freundschaft mit Fred.

Wer gewinnt das Wettrennen?

- ○ Fred
- ○ Lena
- ○ Es ist unentschieden.

Oh nein! Die Farben in diesen Bildern sind verschwunden. Male sie aus.

6. Das Rätsel des Zwergs

Heute geht Lena wieder durch den Wald. Sie sucht nach einem neuen Abenteuer. Fred hat ihr von einem geheimnisvollen Fluss erzählt. Dort möchte sie hin.

Plötzlich steht ein Zwerg vor ihr. Er sieht Lena streng an und sagt: „Keinen Schritt weiter. Löse mein Rätsel. Sonst darfst du nicht durchgehen.“ Lena erschrickt. Doch dann sagt sie mutig: „Nenne mir dein Rätsel. Ich werde es lösen!“

Was muss Lena tun, damit der Zwerg sie durchlässt?

○ Ein Rätsel lösen.
○ Drei Kniebeugen machen.
○ Ein Lied singen.

Der Zwerg sagt: „Ich folge dir überallhin. Doch du kommst nie an mich heran. Was bin ich?" Lena runzelt die Stirn. Sie muss nachdenken. Der Zwerg wird ungeduldig. „Weißt du es? Oder musst du umkehren?"

Lena denkt an den Himmel, an den Wind und die Sonne. Da fällt es ihr ein! „Der Schatten!", ruft sie. Der Zwerg lacht. „Du bist klug, Prinzessin. Du darfst passieren." Stolz läuft Lena weiter zum Fluss.

Bei diesem Wort sind die Silben durcheinander gekommen. Ordne sie wieder!

dul ge un dig

Später im Schloss spricht Lena mit ihrem Papa. Sie erzählt vom Zwerg. „Ich habe sein Rätsel gelöst!“, sagt sie stolz. Der König antwortet: „Der Zwerg hatte Mitleid mit dir.“ Lena sagt: „Dann löse doch mein Rätsel, Papa!“ Der König grübelt. Doch ihm fällt die Antwort nicht ein. Lena sagt ihm die Lösung und der König lacht: „Du bist schlau. Ich bin stolz auf dich!“

Wieso sagt Lenas Papa, dass Lena schlau ist?

- ○ Weil sie den Zwerg überlistet hat.
- ○ Um nett zu sein.
- ○ Weil sie das Rätsel lösen konnte, er aber nicht.

7. Die Geduldsprobe im Kräutergarten

Lena läuft aufgeregt in den Kräutergarten. Die Ärztin hat ihr eine wichtige Aufgabe gegeben: Sie soll eine Heilpflanze ernten. Doch die Ärztin hatte sie gewarnt: „Ernte sie nicht sofort. Die Blüte muss vollständig geöffnet sein!“ Lena kniet sich vor die Pflanze. Die Knospen sind noch geschlossen. Sie wird schnell ungeduldig. Vorsichtig zieht sie an einem Blütenblatt. Doch es reißt ab. Erschrocken zuckt Lena zurück. Was hat sie nur getan?

Wann darf Lena die Pflanze ernten?

- ○ Sobald die Knospen sichtbar sind.
- ○ Wenn die Blütenblätter abgefallen sind.
- ○ Wenn die Blüte ganz geöffnet ist.

Lena seufzt. Vielleicht kann sie die Blüte mit Wärme öffnen? Sie pustet sanft gegen die Knospen. Nichts passiert. Dann hört sie Schritte. Der König kommt! „Noch immer keine Blüte?“ fragt er. Lena sagt: „Nein. Noch nicht.“ Sie fühlt sich unter Druck gesetzt.

Schnell zupft sie an der nächsten Knospe. Doch auch diese zerfällt. Lena ist wütend. Jetzt hat sie alles noch schlimmer gemacht!

Bei diesem Wort sind die Silben durcheinander gekommen. Ordne sie wieder!

GAR

TER

TEN

KRÄU

Lena schließt ihre Augen. Sie muss anders an die Sache herangehen. Manche Dinge brauchen eben ihre Zeit. Da riecht sie plötzlich einen sanften Duft. Sie öffnet die Augen. Und tatsächlich: Die erste Blüte entfaltet sich von selbst!

Überglücklich ruft sie ihren Papa. „Schau, Papa! Sie blüht!" Der König staunt. „Gut gemacht, Lena. Ich hätte nicht so viel Geduld gehabt." Stolz pflückt Lena die Blüte. Sie hat wieder etwas wichtiges gelernt.

Was hat Lena erkannt?

○ Dass sie stärker an den Blüten ziehen muss.

○ Dass manche Dinge ihre Zeit brauchen.

○ Dass Wärme die Blüten öffnet.

Finde alle Wörter die du unten sehen kannst.

Garten	Prinzessin	Wald
Pferd	Vater	Magd
Stallbursche	Lena	Stall
Knecht	Schloss	Zwerg

E	W	A	G	T	L	I	O	S	N	T	H	F	J	I
S	S	T	A	L	L	B	U	R	S	C	H	E	N	L
U	H	A	P	E	R	T	L	Z	M	P	G	T	Y	E
I	A	P	R	I	N	Z	E	S	S	I	N	R	M	O
N	L	S	E	B	O	P	M	L	R	N	E	A	A	V
S	C	H	L	O	S	S	W	I	O	R	S	C	G	A
N	Y	A	L	B	T	R	A	D	P	U	O	A	D	T
N	G	A	R	T	E	N	L	E	L	C	H	I	M	E
O	G	W	A	N	E	B	D	F	U	R	A	E	K	R
N	O	S	U	A	D	L	T	R	U	E	O	H	N	I
P	T	N	A	C	L	S	T	A	L	L	H	I	E	V
Y	P	A	Z	W	E	R	G	W	R	D	L	T	C	K
C	E	B	F	P	I	N	S	P	F	E	R	D	H	M
R	L	E	N	A	F	T	E	Y	B	S	N	O	T	R
T	V	S	K	L	M	E	T	H	U	R	A	Z	M	H

Abenteuer	Halskette	Wette
Gold	Schmuck	Fred
Pilze	Blumen	Moos
Aufgaben	Mondlicht	Wettrennen

C	H	P	K	N	I	A	L	S	R	T	N	C	L	I
B	A	S	A	B	E	N	T	E	U	E	R	A	E	T
X	L	F	F	R	E	D	O	P	I	L	Z	E	D	Q
C	S	W	R	A	N	E	S	C	M	P	L	T	A	W
B	K	C	S	N	E	F	U	O	G	P	S	H	R	N
O	E	F	K	I	G	O	L	D	D	T	C	E	H	S
Y	T	R	A	P	M	U	C	S	I	L	H	P	W	N
A	T	E	U	B	D	M	U	R	S	P	M	N	E	T
E	E	I	F	U	A	N	Z	E	C	D	U	B	T	N
R	L	F	G	E	B	L	U	M	E	N	C	T	T	M
R	C	A	A	E	N	P	U	T	A	F	K	E	E	N
S	O	R	B	M	O	N	D	L	I	C	H	T	G	P
N	H	L	E	T	U	E	C	Z	A	M	O	O	S	N
R	D	G	N	X	I	N	R	L	A	P	B	N	G	O
C	D	K	W	E	T	T	R	E	N	N	E	N	I	Y

8. Die geheime Kammer

Draußen regnet es. Lena und Fred spielen im Schloss. Sie rennen, verstecken sich und lachen. Plötzlich bleibt die kleine Prinzessin stehen. Sie sagt erstaunt: „Diese Tür habe ich noch nie zuvor gesehen!“ Fred ruft aufgeregt: „Lass uns hineingehen!“

Lenas Herz schlägt schneller. Was sich wohl dahinter verbirgt? Fred dreht den Türknopf. Die Tür öffnet sich mit einem lauten Knarren. Neugierig treten die Kinder in die Kammer.

Was entdecken Lena und Fred?

- ○ Ein schönes Gemälde.
- ○ Eine geheimnisvolle Tür.
- ○ Ein seltenes Tier.

Der Raum ist düster und stickig. Lena und Fred schauen sich um. Plötzlich bemerkt Lena eine Inschrift an der Wand: „Wer seinen Weg kennt, findet ihn auch.“ Sie denkt an die Wette mit ihrem Papa. Sie kennt ihren Weg.

Auf einmal ertönt ein leises Klicken. Ein Spalt öffnet sich in der Wand wie von Zauberhand. Dahinter liegt noch ein großer und dunkler Raum. Lena und Fred treten vorsichtig ein.

Wie viele Wörter mit „u“ findest du im Text?

In dem Raum tanzen schimmernde Lichtkugeln. Dazwischen fliegt eine kleine Fee. Sie flüstert: „Ihr seid im Raum der Träume. Hier findet ihr die Wünsche eurer Vorfahren." Lena schaut genauer hin. Ihre Uroma träumte von einer Weltreise. Ihr Uropa wollte ein berühmter Sänger werden.

Die Fee fragt: „Was ist dein größter Traum?" Lena lächelt: „Frei zu sein." Die Fee nickt. „Du bist auf dem richtigen Weg." Lena fühlt sich stärker als je zuvor.

Was findet Lena in der geheimen Kammer?

- ○ Eine goldene Krone.
- ○ Ein verstecktes Schwert.
- ○ Die Träume ihrer Vorfahren.

9. Die mutige Rede vor dem Volk

Heute ist ein sehr wichtiger Tag für das Königreich. Der König möchte eine Rede halten. Er will seinem Volk danken. Vorher besucht ihn Lena in seinem Zimmer. Doch was ist das?

Der König liegt krank im Bett. Seine Stimme ist nur ein Flüstern. „Ich kann die Rede nicht halten. Du musst für mich sprechen."

Warum muss Lena die Rede halten?

○ Der König ist krank.
○ Der König ist verreist.
○ Der König hat keine Lust.

Lenas Herz klopft wie wild. Sie steht zitternd hinter dem Vorhang. Draußen wartet das Volk. Was, wenn sie sich verspricht? Was, wenn niemand zuhört? Doch sie will es schaffen. Lena atmet tief durch. Sie tritt nach vorn und spricht.

„Liebe Bürger! Heute feiern wir euch. Ihr seid das Herz unseres Reiches!" Ihre Stimme ist anfangs ganz leise. Doch dann wird sie immer lauter und sicherer.

Findest du Reimwörter zu folgenden Wörtern?

Kopf

Herz

Reich

Leise

Plötzlich verspricht Lena sich. Doch niemand merkt es. Sie redet einfach weiter. Bald hat sie den letzten Satz gesagt. Kurz ist es leise. Dann jubeln die Menschen. Sie klatschen und rufen ihren Namen.

Im Schloss sieht der König sie zufrieden an. „Hast du dich getraut?“ Lena nickt glücklich. Der König lächelt. „Ich bin stolz auf dich. Ich habe dich wirklich unterschätzt.“

Wie reagiert das Volk auf Lenas Rede?

- ○ Sie lachen.
- ○ Sie jubeln.
- ○ Sie gehen einfach weg.

10. Die Rettung des Königs

Der König reitet mit seinen Freunden durch die Berge. Auch Lena und Fred sind dabei. Sie wollen heute ein anderes Königreich besuchen. Eine Holzbrücke führt über einen Fluss. Der König steigt vom Pferd ab. Er läuft über die Brücke.

Doch plötzlich knarzt sie. Sie bricht zusammen! Der König stürzt ab und landet im Fluss. Zum Glück kann er sich auf einem Felsen retten. „Hilfe!“, schreit er. Panik bricht aus.

Warum sind Lena und Fred heute in den Bergen unterwegs?

- ○ Sie wollen mit dem König ein anderes Königreich besuchen.
- ○ Sie wollen Schlitten fahren gehen.
- ○ Sie machen Urlaub in den Bergen.

Die Freunde des Königs sind ratlos. Lena hat eine Idee. „Fred, hol das Seil aus deinem Rucksack!“, ruft sie. Gemeinsam knoten sie eine Schlaufe. Lena weist an: „Wir ziehen ihn gemeinsam hoch.“

Lena wirft das Seil zum König. Er packt kräftig zu. Gemeinsam ziehen alle am Seil. Stück für Stück kommt er näher ans Ufer. Endlich greift der König nach Lenas Hand.

Wie viele Silben haben folgende Wörter? Klatsche mit!

Idee
Seil
Gemeinsam
Endlich
Rucksack

Erleichtert schaut der König seine Tochter an. „Du hast mich gerettet“, flüstert er. Alle jubeln. Ohne Lena hätten sie das nicht geschafft. Lena hat bewiesen: Zusammenhalt ist wichtig.

Der König umarmt Lena. „Ich habe dir ein Versprechen gegeben.
Und ich halte es. Ab jetzt hast du mehr Freiheiten.“ Lenas Augen werden groß. Sie hat alle Aufgaben geschafft. Dankbar fällt sie ihrem Papa um den Hals.

Was hat Lena heute bewiesen?

- ○ Wie wichtig Kraft ist.
- ○ Wie wichtig Lachen ist.
- ○ Wie wichtig Zusammenhalt ist.

Oh nein! Die Farben in diesen Bildern sind verschwunden. Male sie aus.

1.1. Sie würde auch gerne klettern, rennen und laut sein.

1.2. Sie darf tun, was sie will.

2.1. Ein sprechender Fuchs.

2.2. Knall → Stall

Nacht → Lacht

Kette → Wette

2.3. Weil er allein ist und keinen Freund hat.

3.1. Die Küchenmagd.

3.2. AUGEN
SPUREN
PERLE
DIEBSTAHL

3.3. Eine Elster.

4.1. Pilze

4.2. Pilze
Einverstanden
Hexe
Geräusch
Durchhalten

4.3. Ein Rehkitz.

5.1. Er will beweisen, dass er schneller ist.

5.2. Es ist unentschieden.

6.1. Ein Rätsel lösen.

6.2. ungeduldig

6.3. Weil sie das Rätsel lösen konnte, er aber nicht.

7.1. Wenn die Blüte ganz geöffnet ist.

7.2. Kräutergarten

7.3. Dass manche Dinge ihre Zeit brauchen.

8.1. Eine geheimnisvolle Tür.

8.2. Die Träume ihrer Vorfahren.

9.1. Der König ist krank.

9.2. Kopf – Zopf

Herz – Schmerz

Reich – Teich

Leise – Reise

9.3. Sie jubeln.

10.1. Sie wollen mit dem König ein anderes Königreich besuchen.

10.2. Idee

Seil

Gemeinsam

Endlich

Rucksack

10.3. Wie wichtig Zusammenhalt ist.

Wenn dir dieses Buch gefällt, freuen wir uns über eine Bewertung. Scanne dazu den QR-Code!

Hast du Fragen oder Probleme? Dann schreibe uns eine E-Mail an:

info@elvimedia.com

Impressum

2025

1. Auflage

Text und Konzept: Elvi Media
Cover & Satz: deincoverdesign.de

Andreas Kofler
Oberdorf 19
I-39040 Barbian (BZ)

E-Mail: info@elvimedia.com

Printed by Amazon Italia Logistica S.r.l.
Torrazza Piemonte (TO), Italy

74188237R00047